Tb 63 45.
A.

PETIT

CATÉCHISME MAGNÉTIQUE

OU

NOTIONS ÉLÉMENTAIRES DE MESMÉRISME

PAR

M. HÉBERT (de Garnay),

Membre du Jury magnétique,
Membre honoraire de la Société Philanthro-magnétique,
Président de la Société du Mesmérisme.

> On te verra souvent avec le peuple ; lui
> seul d'abord saura te comprendre.
> Du Potet (*Essai*).

2ᵉ édition.   Prix : 15 cent.

PARIS.
AU BUREAU DU JOURNAL DU MAGNÉTISME,
5, RUE DE BEAUJOLAIS-PALAIS-ROYAL.

Décembre 1852.

PETIT
CATÉCHISME MAGNÉTIQUE

OU

NOTIONS ÉLÉMENTAIRES DE MESMÉRISME

PAR

J.-M. HÉBERT (de Garnay),

Membre du Jury magnétique.
Membre honoraire de la Société Philanthro-magnétique.
Président de la Société du Mesmérisme.

On le verra sous--- née le peuple : ici
tout à l'heure ... à le comprendre.
De Potet (Essai).

2e édition. Prix : 25 cent.

PARIS,

AU BUREAU DU JOURNAL DU MAGNÉTISME,

5, RUE DE BEAUJOLAIS-PALAIS-ROYAL.

Décembre 1852.

PRÉAMBULE.

Cet écrit n'est point fait pour les magnétistes, ils n'y apprendraient rien ; je le dédie aux profanes, puisse-t-il en éclairer quelques-uns.

Le titre indique que ce n'est point un traité complet que j'ai voulu faire : toute mon ambition se borne à mettre le magnétisme assez à la portée des masses pour que chacun puisse en juger.

Vague aperçu d'une science encore en chantier, cet opuscule a toutes les imperfections d'une ébauche ; car, outre la difficulté naturelle du sujet, j'avais à vaincre ma propre faiblesse. J'ai mis tous mes soins à le rendre conforme à sa destination, et suis prêt à y apporter toutes les améliorations désirables, si ceux qui n'ont pas sur les yeux le bandeau d'auteur veulent bien m'en signaler les défauts. Je ne demande grâce que pour les lacunes : voulant faire une édition populaire, l'espace m'a manqué.

Je n'arbore le drapeau d'aucune secte : j'appartiens à l'école de la nature. Je dis ce que j'ai vu, ce que m'ont appris dix ans d'étude constante et de pratique assidue sous le meilleur des maîtres.

Praticiens habiles, savants adeptes, auteurs éclairés, je n'ose point vous demander des louanges ; c'est après vos conseils que j'aspire ; ce sont vos lumières que je réclame : daignez me les accorder. Ce n'est point une vaine courtoisie, mais l'estime de vos talents qui me fait invoquer vos avis; puissé-je avoir à vous montrer que la gratitude n'est point étrangère à mon cœur.

Né dans une chaumière, et bientôt privé de père, j'ai dû, dès l'enfance, travailler pour vivre. Le salaire a suffi à m'élever, et le loisir à m'instruire; mais ils n'auraient pu satisfaire à mon amour inné de la science. C'est à la sollicitude d'un savant aussi vertueux qu'éminent, M. le baron DU POTET, que je dois d'avoir pu me livrer à la longue étude de l'art de guérir. Sa renommée n'a pas besoin de mes faibles éloges, et sa modestie les repoussera sans doute; mais je n'ai pu résister à la douce expression des sentiments de reconnaissance qui m'animent envers lui.

La justice rendue à un homme de bien n'est déplacée nulle part, et, moins qu'ailleurs, en tête d'un ouvrage inspiré par ses leçons. J'espère donc que ce généreux ami de l'humanité me pardonnera d'avoir divulgué le secret de ses bienfaits.

Puisse-t-il aussi ne pas trouver cet essai trop indigne des connaissances qu'il m'a transmises. Je serais heureux de concourir ainsi au progrès de la vérité dont il est l'apôtre, et d'aider au triomphe de la sublime mission qu'il s'est donnée.

Tel est mon ardent désir et mon vœu consolant: fasse le ciel qu'ils se réalisent.

L.-M. HÉBERT.

Paris, le 12 avril 1852.

PETIT

CATÉCHISME MAGNÉTIQUE.

§ Ier. — Préliminaires.

— Que veut dire le mot *magnétisme* ?

Ce mot a plusieurs acceptions, ce qui empêche d'en donner une bonne définition.

— Quelle est son étymologie ?

Il dérive du latin **Magnes**, *etis*, qui vient lui-même du grec Μαγνης, ητος, dont la racine est Μαγνησια, Magnésie, ville de Lydie, d'où provenait jadis la pierre d'aimant.

— Qu'est-ce que la pierre d'aimant ?

C'est un minerai doué de la propriété d'attirer le fer à distance et au travers de tous les corps.

— Magnétisme et aimant sont donc synonymes ?

Oui ; mais ils diffèrent d'origine. Les anciens, appliquant au minerai susdit le nom du lieu qui le fournissait, l'appelaient Μαγνης λιθος, **Magnes lapis**, pierre de Magnésie ; mais nos galants pères, comparant sa vertu au tendre sentiment qui rapproche les êtres, l'ont nommé *aimant*.

— Qu'entend-on par magnétisme *minéral* ?

Ces mots désignent l'ordre de faits qui a pour type l'action de l'aimant sur le fer, et dont la manifestation a lieu sur les métaux, les pierres, les cristaux.

Dans la figure ci-contre, A représente une pierre d'aimant; B, un tas de limaille de fer; C, des parcelles de ce métal attirées par la pierre.

La pointe d'un simple couteau dirigée vers le nord et approchée d'une aiguille fait de même : on voit celle-ci s'élancer vers la lame et y rester adhérente.

Ce genre de magnétisme reçoit aussi l'épithète de *terrestre* ; le globe agissant comme un gros aimant.

— En quoi consiste le magnétisme *animal* ?

On nomme ainsi des faits semblables à ceux dont il vient d'être parlé, mais qui se produisent dans les êtres animés, tels que l'homme et les bêtes.

On dit quelquefois magnétisme *vital* pour généraliser, et *humain* pour spécifier.

— Quels sont les faits en question ?

Le nombre en est immense ; il y en a d'instinctifs et de réfléchis, de spontanés et de provoqués, c'est-à-dire naturels ou artificiels ?

— Les premiers ?

Ce sont les plus obscurs et les moins nombreux, mais ils servent de base aux autres; car toujours l'œuvre de l'homme est entée sur celle de Dieu. Voici les plus évidents, divisés en trois chefs de modalité :

1° Qu'une personne bâille, rie, pleure, bégaye, et une partie de celles qui sont en sa présence l'imitent bientôt; l'accent, les tics, les manières se communiquent de même; l'esprit, les sentiments, les passions subissent la même loi : on devient brave avec les forts, vicieux avec les pervers, etc., d'où le proverbe : « Dis-moi qui tu hantes, je te dirai qui tu es. » Mais cette contagion est surtout apparente dans les maladies nerveuses: il suffit à quelques individus de voir une attaque de nerfs pour être pris de convulsions. Les épidémies morales qu'on observe dans les grandes réunions, telles que les couvents, les pensionnats et les hôpitaux, dépendent de la même influence : l'histoire des convulsionnaires de Saint-Médard et des trembleurs des Cévennes le prouve surabondamment.

2° La sympathie marquée ou l'aversion profonde qu'on a pour des gens inconnus; le malaise ou la satisfaction qu'on éprouve auprès de certains êtres; le calme que ressentent les enfants souffrants dans les bras de leurs mères; le soulagement produit par le souffle et l'apposition des mains sur le siége des douleurs; la somnolence qui s'empare des personnes que l'on rase ou que l'on coiffe; la vigueur que recouvrent les vieillards en couchant avec de jeunes sujets, et, par contre, le dépérissement de ceux-ci; le bien-être résultant des frictions, du massage, etc., s'expliquent pareillement.

3° Les pressentiments, les songes, les oracles, le somnambulisme, l'extase, le ravissement, l'inspiration, la voyance, etc., sont des fruits du même arbre.

— Les seconds ?

Ce sont les plus ostensibles, et la série qu'ils forment est longue et variée, parce que l'art, commençant où la nature s'arrête, produit davantage.

Les animaux offrent plusieurs exemples de cette suprématie d'action.

La scène figurée ci-contre est connue de tout le monde, c'est un des phénomènes les plus frappants de l'histoire naturelle, et la preuve indubitable de la faculté attribuée à chaque être d'influencer autrui. Qui ne sait que le crapaud et d'autres reptiles, l'oiseau de proie, le chien d'arrêt, etc., agissent de même que le serpent sur les animaux dont ils veulent s'emparer ?

Chez l'homme, les effets sont infiniment plus nombreux. Voici le nom des principaux :

Trismus, spasmes, coma, attraction, répulsion, charme, anesthésie, tétanos, pénétration de pensée, clairvoyance, catalepsie, hallucination, extase, perception des sentiments, vue au travers des corps opaques, instinct des remèdes, divination, prévision, transposition des sens, insensibilité, paralysie, voyage mental, vision à distance, introspection, etc., etc.

— Que de choses étranges et de mots baroques !

Courage ! la science n'est aride qu'au début, et l'on arrive bientôt à la posséder tout entière.

§ II. — Biographie.

— Qui est-ce qui a découvert le magnétisme?

Les premiers fragments d'aimant furent, dit-on, trouvés par Thalès, l'un des sept sages de la Grèce, qui vivait il y a environ 2,500 ans.

— Parlons seulement du magnétisme *animal*.

Toute l'antiquité savante paraît en avoir eu connaissance, mais elle en garda le secret; c'est Mesmer qui nous l'a révélé.

— *Mesmer!* Ce nom n'est pas français?

Le génie n'a point de patrie; Dieu le fait naître en tous lieux, pour montrer à l'humanité qu'elle est une.

— Que sait-on de la vie de cet homme?

Il naquit le 23 mai 1734, à Weiler, village voisin de Mersbourg, en Souabe. Il fut élevé par les jésuites de Dellingen, autant, dit-on, par la protection de l'évêque de Constance, dont son père était garde forestier, qu'à cause des brillantes dispositions de son esprit.

On cite, comme trait distinctif de son caractère, qu'étant enfant, il avait un extrême désir de connaître la source des ruisseaux, et qu'il les remontait tous jusqu'à ce qu'il l'eût trouvée. C'était l'indice de son penchant décidé pour la recherche des causes, et le prélude des découvertes qu'il devait faire.

On ignore les particularités de ses études; seulement il paraît certain que, son instruction achevée, il refusa d'embrasser la théologie pour se consacrer à la médecine. Il étudia cette science sous le célèbre Van Swieten, le phare iatrique de l'Allemagne, et fut reçu docteur, à Vienne, en 1764.

— Que fit-il ensuite?

Établi dans cette capitale, il y exerçait déjà avec succès lorsqu'il pénétra le mystère qui nous occupe. Dès lors ses tourments commencèrent. La supériorité de son savoir en avait fait un concurrent redoutable; des confrères jaloux déprécièrent ses essais. Il invoqua le patronage des corps savants; mais ceux-ci, ameutés par la compagnie de Jésus, qui voulait le punir de son abandon, traitèrent ses travaux avec mépris; la cour elle-même s'en mêla, et *avis* lui fut enfin donné de quitter les États de l'empereur.

— Que devint-il après cet exil déguisé?

Il se retira en Bavière, auprès de l'électeur, le seul des potentats germains qui l'ait compris. Il aurait pu vivre tranquille sous la protection de ce prince éclairé; mais, comme tous les hommes qui croient posséder le secret d'une grande chose, il ambitionnait davantage. La France des philosophes et des encyclopédistes lui parut la nation la mieux préparée à recevoir de nouvelles idées : il arriva à Paris en 1778.

— Quelle conduite y tint-il?

Il s'adressa aux corps savants pour qu'ils examinassent sa découverte.

— C'était rationnel; le firent-ils?

Non; ils en eurent l'air seulement. Le radicalisme de ses principes, portant : qu'on peut guérir tous les maux avec un seul remède, et que le magnétisme est cette panacée, le fit honnir de la Faculté. La Société royale de médecine et l'Académie des sciences, auxquelles il en appela successivement, ne firent pas meilleur accueil à ses propositions.

Pendant près de quatre ans que durèrent ses instances, il fut bafoué, insulté, vilipendé, caricaturé, chansonné, ridiculisé par la suffisance et la déloyauté, avec un cynisme sans exemple, malgré ou plutôt à cause de ses succès auprès du grand monde, l'appui chaleureux de la reine et l'aveu tacite du gouvernement.

— Triompha-t-il de cette intrigue ?

Oui, indirectement. Doué de qualités éminemment supérieures, savant, artiste, aimable et beau, il prit un ascendant extraordinaire sur la société des salons. C'était, dit Deslon, « une âme de feu dans un corps de fer. » Tant d'avantages personnels lui valurent l'admiration des premiers personnages et le concours empressé des plus nobles dames.

Il n'y avait pas de femme élégante qui n'allât chez lui ; marquises et bourgeoises le vantaient à l'envi. Cette faveur du beau sexe contribua, dit-on, beaucoup à sa réputation ; car, outre leur habileté, les femmes sont d'intrépides défenseurs. Soutenu par de pareils auxiliaires, il grandit en effet tellement dans l'esprit public que son crédit, un moment, surpassa celui de Voltaire. Le monde pensant s'était pour lui divisé en deux camps, croyants et incrédules, qui se disputaient la victoire avec acharnement. Jamais homme, étranger surtout, n'eut ici pareille puissance ; il traitait d'égal à égal avec le souverain.

— Quel parti tira-t-il de cette brillante position ?

L'envie, la haine qu'il avait excitées parmi les savants résistant à l'opinion générale, il annonça l'intention de retourner en Allemagne. Qu'elle fût feinte, comme l'ont dit ses ennemis, ou provoquée par la fatigue et le découragement, cette résolution mit l'aristocratie en émoi. Louis XVI, pressé par de hautes influences, lui fit offrir, pour rester, 30,000 livres de rente et une habitation magnifique, ce qui représentait bien un million de capital. Il refusa ces dons avec une austère fierté, déclarant qu'il ne demandait pas de « grâces, » mais « l'examen » de sa découverte, afin qu'étant reconnue elle pût être utile à tous.

La lettre qu'à cette occasion il écrivit à Marie-Antoinette est empreinte des sentiments les plus élevés ; on y lit, entre autres, ce passage :

« Dans la balance de l'humanité, vingt ou vingt-cinq malades, quels qu'ils soient, ne sont rien à côté de l'humanité tout entière ; et, pour faire l'application de ce principe à une personne que Votre Majesté honore de sa tendresse, ne puis-je pas dire que donner à la seule Mme la duchesse de Chaulnes la préférence sur la généralité des hommes, serait, au fond, aussi condamnable à moi que si je n'appréciais ma découverte qu'en raison de mes intérêts personnels ? »

— Où se retira-t-il cette fois ?

Aux bains de Spa ; mais il en fut bientôt rappelé

par la voix intelligente d'environ quatre cents hommes de cœur, l'élite de la noblesse, du clergé et du tiers-état, qui ouvrirent une souscription pour être initiés à sa doctrine, et une *société*, dite de l'*Harmonie*, pour en répandre les bienfaits.

— Que fit-il après cette initiation ?

Mis en possession, par la générosité de ses élèves, d'un avoir presque égal aux offres obligées du roi, il s'occupa d'établir des dispensaires dans les principales villes, pour le traitement des malades par son système. Il voyagea, dans ce but, beaucoup en France et un peu en Angleterre. La propagation de ses idées marchait au gré de ses désirs; la société de l'Harmonie avait des succursales florissantes à Strasbourg, à Chartres, à Lyon, à Amiens, à Narbonne, à Malte, à Saint-Domingue, etc., lorsqu'éclata la révolution de 1789. Ses disciples nobles, la fleur de la gentilhommerie, placés au sommet de l'édifice qui croulait, s'expatrièrent presque tous ; les autres, absorbés par ce drame gigantesque, oublièrent le magnétisme. Cependant le novateur, en partie ruiné par la conversion des rentes, alla vivre en Suisse, où il écrivit plusieurs ouvrages. A défaut de science, sa pensée débordante s'exerçait sur la morale, l'éducation, etc.,

— Comment termina-t-il sa carrière?

Proscrit de son ingrate patrie, il revint plusieurs fois à Paris, et tenta vainement, sous le Directoire, le Consulat et l'Empire, d'intéresser le gouvernement à sa découverte. Se refusant à la présenter ailleurs, il disait : « C'est la France qui en a été le berceau, je

« veux que les autres nations lui en soient redevables
« comme de la liberté. »

La guerre l'avait condamné à l'inaction, tous ses amis avaient disparu dans la tourmente; vieux, il ne pouvait plus faire de prosélytes : il mourut oublié, dans son pays natal, le 15 mars 1815.

— Il est bon de connaître la vie de l'homme, mais l'histoire de la chose n'est-elle pas plus importante?

Certes; mais elles s'éclairent mutuellement, et sont d'ailleurs inséparables, comme Mesmer le dit si bien lui-même, dans l'extrait suivant d'une lettre écrite à un de ses amis, en 1785.

« Mon existence ressemble à celle de tous les hommes qui, en combinant des idées fortes et d'une vaste étendue, sont arrivés à une grande erreur ou à une grande vérité; ils appartiennent à cette erreur ou à cette vérité, et, selon qu'elle est accueillie ou rejetée, ils vivent admirés ou meurent malheureux. Mais, quoi qu'ils tentent pour recouvrer leur indépendance, c'est-à-dire pour séparer leur destinée de celle du système dont ils sont les auteurs, ils ne font que d'inutiles efforts. Leur travail est celui de Sisyphe, qui roule malgré lui le rocher qui l'écrase; rien ne peut les soustraire à la tâche qu'ils se sont imposée. »

— Eh bien, suivons donc!

§ III. — Histoire.

— Quelle est l'origine du magnétisme animal ?

Considéré comme cause, son existence remonte certainement à la création ; car il est inhérent à l'organisme.

Envisagé dans ses effets, son commencement diffère et ne peut être fixé.

— Quelles conjectures forme-t on à cet égard ?

Il est probable que les phénomènes qui naissent par la seule approche de deux êtres vivants, tels que l'attrait, l'antipathie, etc.; puis ceux qui se développent sous l'influence propre des organes, comme le somnambulisme et l'extase ; enfin ceux que les animaux déterminent : l'attraction, la fascination, et autres manifestations naturelles, ont été connus de nos premiers parents. Quant à la production de ces faits par la science humaine, la date en est on ne peut plus obscure et le lieu douteux.

— A-t-on la certitude de leur existence ancienne ?

On en trouve la preuve dans plusieurs des écrits, bas-reliefs et peintures qui nous sont parvenus.

— Quelles données fournissent ces antiquités ?

Pour ne parler que des livres, ils établissent que l'Inde, l'Égypte, la Grèce, la Judée, Rome et les Gaules ont été témoins des prodiges du magnétisme humain. Les mages, les druides, les gymnosophistes et tous les thaumaturges : psyles, sibylles, pythonisses, etc., se servaient évidemment de cette puissance.

Le trait le plus saillant de ces témoignages est une phrase de l'*Amphitrio* de Plaute. L'auteur montre Mercure veillant à la porte d'Alcmène, lorsque Sosie se présente pour entrer. Le dieu, voulant se débarrasser du valet, parle d'abord de l'assommer; mais, revenant à des sentiments plus humains, il dit :

Quid, si ego illum tractim tangam, ut dormiat ?

« Si je l'endormais en lui passant les mains ? »

Dans cette locution, **tractim tangam** exprime l'action de caresser doucement, comme on flatte les chats en leur passant la main de la tête à la queue : peut-on désigner plus clairement la magnétisation ?

Martial (Ep. 82, 1. III), et Cicéron (Ep. 66), font allusion à des manipulations du même genre.

Virgile dit la « main médicinale, **manus sanativa**, » et Solon, dans les vers qui suivent, en mentionne l'apposition comme moyen curatif :

Τὸν δὲ κακαῖς νούσουσι κοκώμενον ἀργαλέαις τε
Ἀψάμενος χειροῖς, αἶψα τίθης' ὑγιῆ.

« Ayant touché avec ses mains le malade couché, il lui rend aussitôt la santé. »

— Quelles faibles clartés pour tant d'ombre !

Cela s'explique par l'habitude qu'avaient les anciens de faire mystère de leur savoir. Possesseurs de tous les secrets importants ; à la fois prêtres, philosophes et médecins, ils ne dévoilaient au peuple que la partie superficielle de leurs connaissances, ou doctrine *exotérique ;* l'autre, profonde, n'était divulguée qu'aux adeptes choisis, aux élèves du sacerdoce : c'était *l'ésotérique.* Ces secrets, révélés sous la foi d'un serment solennel, étaient gardés religieusement, comme on le voit encore parmi les francs-maçons, etc. Quand, dans les cérémonies, l'espiègle public pouvait pénétrer le sens caché des pratiques, on repoussait la foule en lui criant : Au loin, profanes !

Avec une pareille discipline, il n'y avait pas moyen de comprendre; il fallait redécouvrir.

— Comment Mesmer y parvint-il ?

Les magiciens, les nécromans, les astrologues, les moines, les cabalistes, etc., ayant recueilli quelques débris du vieil Orient, nous en conservèrent la tradition vague. Tous leurs livres contiennent les vestiges évidents d'arts dont ils ignoraient le principe, et le magnétisme était de ce nombre. Mesmer, convaincu que les superstitions dérivent de vérités, se mit à sonder le vaste chaos des sciences occultes, dans l'espoir d'y suivre la trace de connaissances oubliées, relatives à la médecine. Sa thèse, intitulée : *De influxu planetarum,* avait pour but de montrer que les astres exercent sur nous une grande influence.

Quelque temps après il remarqua, disent les uns :

1º Que, ayant fait une saignée, le jet sanguin augmentait lorsqu'il se penchait pour regarder la plaie, et diminuait quand, en se relevant, il éloignait son corps du bras du malade ;

2º Que, dînant chez un de ses riches clients, un

des valets l'influençait de telle sorte que, quand cet homme passait derrière lui, il en était toujours averti par une sensation particulière.

D'autres pensent, et c'est la majorité, que, s'étant inspiré des doctrines mystiques des spagiristes, alchimistes, et autres bâtards de la science antique, il trouva dans les écrits de Paracelse, de Van Helmont, et surtout de Maxwell, la clef des phénomènes magnétiques.

— D'où vient cette différence d'appréciation?

De la coïncidence vraiment frappante qui existe entre sa théorie et les vues exposées dans les ouvrages précités. Les académies lui ont objecté cette ressemblance pour insinuer le plagiat, et l'écho de leurs sourdes menées fut répété par ses partisans mêmes, qui virent dans cette antériorité avouée une preuve implicite de la vérité des faits.

— Quelle opinion adopter sur ce point?

Tout étant dans tout, peu importe la source à laquelle Mesmer a puisé, l'essentiel est qu'il ait trouvé. Or, il est positif que, depuis longtemps avant lui, personne ne faisait rien de semblable à ce qu'il a produit. Qui donc pourrait invoquer des droits plus puissants à la rénovation de cette science? Et puis, eût-il même été plutôt guidé par l'étude des bouquins que par l'observation des faits, n'est-il pas aussi glorieux de retrouver le perdu que de découvrir l'inconnu?

— Oui; mais la paternité des inventions?

C'est une recherche oiseuse, quand on la pousse à

ses limites extrêmes; car, rigoureusement, *nil est sub sole novum*, « il n'y a rien de nouveau. » N'est-il pas constant, en effet, que Maxwell et les autres prétendants posthumes avaient emprunté leurs énigmes aux temps primitifs? Et, en supposant même qu'ils eussent le secret en question, la science, dans leurs mains, était restée une lettre morte, tandis que Mesmer en a multiplié les démonstrations.

— Mais, cependant, sa théorie?

Possesseur fortuit d'un fait nouveau, c'est-à-dire inconnu, il fallait bien qu'il en cherchât l'explication; il crut la trouver dans ces auteurs et se l'appropria. Là fut son tort; car ce système d'emprunt, étant préconçu, a été détruit; tandis que la base, qui lui est propre, subsiste et se développe suivant l'évolution régulière des vérités effectives.

— La conclusion de tout ceci?

La voilà : C'est de Mesmer que nous tenons le magnétisme; sans lui, peut-être, nous l'ignorerions encore. Or, lui disputer le triomphe après la victoire est aussi indigne des amis de la vérité que des amants de la justice. Les âmes ingrates ou perfides peuvent seules nier son mérite; car, en considérant, d'une part, l'exquise sagacité dont il a fait preuve, et, de l'autre, l'immense bienfait qui est résulté de ses principes, toute conscience honnête s'incline devant son génie et ne trouve de paroles que pour le louer et le bénir.

— Par quels moyens mit-il sa découverte en œuvre?

Toutes les créations de l'homme procèdent d'une

suite de tâtonnements. Mesmer employa d'abord des aimants artificiels, qu'il appliquait sur le siége des douleurs. Mais il s'aperçut bientôt que sa *main* mise à la place de l'aimant produisait le même effet.... Le pas était immense ! Il put dès lors opérer vraiment un prodige : se tenant à huit pas d'un malade, il en faisait contracter tel ou tel muscle, en dirigeant ses doigts vers cet organe. C'était le *nec plus ultrà* de la simplicité, une sublime imitation de la nature, qui « procède en tout avec économie de ressorts. » Mais par un de ces virements dont la raison échappe, il ne poursuivit pas cette voie féconde; et, à Paris, il se servait d'un appareil assez compliqué, connu sous le nom de *baquet*.

— En quoi consistait cet instrument?

La description minutieuse en serait ici déplacée; quelques mots et la gravure qui suit suffiront à le faire comprendre.

Une cuve en bois remplie d'eau et contenant du sable, du verre pilé, de la limaille de fer, etc., en sont les éléments principaux. Des tiges aussi de fer, partant du fond du vase et courbées à leur partie supérieure de manière à faire saillie en dehors, servaient à établir la communication ou le *rapport* entre les patients et l'appareil.

— Quelle était l'action de cette machine?

Les malades étant assis autour du baquet, l'extrémité recourbée des tiges appliquée au creux de l'estomac, Mesmer plongeait sa canne dans le liquide.

et bientôt chacun éprouvait, suivant ses prédispositions, des spasmes, des convulsions et divers autres symptômes d'un état insolite appelé *crise*.

Ceci fait, des attouchements méthodiques étaient pratiqués pour diriger la *crise*, qui se terminait bientôt par des pandiculations, des bâillements et des pleurs. Quelquefois l'accès se prolongeait ; alors les sujets étaient portés dans une salle matelassée, où ils gesticulaient à leur aise, souvent durant des heures.

— Où se passaient ces scènes singulières ?

D'abord dans une somptueuse demeure de la place Vendôme ; car, comme toutes les intelligences supérieures, Mesmer aimait le faste et les grandeurs ; sa position, au reste, exigeait un luxe princier. Il habita ensuite le magnifique hôtel de Coigny, rue Coq-Héron, où sont actuellement les bureaux de la caisse d'épargne. C'est là qu'eurent lieu l'initiation des adeptes et les actes majeurs de la science nouvelle.

— Se sert-on encore du baquet mesmérien ?

Non ; l'usage en a été abandonné dès que M. le marquis de Puységur eut montré qu'en tenant un arbre quelque temps embrassé et le mettant en rapport avec des malades au moyen de cordes qui, partant de son tronc, allaient s'enrouler à leur ceinture, on obtenait exactement les mêmes effets.

— Quels furent les résultats de cette réforme ?

Une suite non interrompue de progrès admirables dans la théorie, la pratique et les faits. Par cette expérience, on vit que la force agissante émanait de l'homme et non de l'arbre ou du baquet, qui n'en étaient que les réservoirs, les conducteurs, et on les supprima comme d'inutiles intermédiaires. Ramenée ainsi à son principe natif, c'est-à-dire simple, **directe,** l'action magnétique a produit des phénomènes imprévus et si nombreux qu'on a peine à les classer ; ce qui prouve que, « quand on prend la voie de la nature, on ne sait jamais où l'on s'arrêtera. »

§ IV. — Opérations.

— Qu'est-ce que magnétiser ?

C'est exercer l'influence qui produit les phénomènes découverts par Mesmer et ses successeurs.

— Comment magnétise-t-on ?

Il y a différentes manières d'effectuer cette action. Les unes, purement empiriques, qui sont le fruit du hasard ou d'une conception irréfléchie et qui varient à l'infini ; les autres, presque savantes, qui reposent sur des données expérimentales ou rationelles et qui sont soumises à des règles fixes.

— Quelle est la meilleure méthode ?

La plus simple, celle même dont Mesmer fit usage au début de sa carrière, et que M. du Potet a tant perfectionnée, qu'on a coutume de lui en attribuer l'invention, en la désignant sous son nom.

— En quoi consiste-t-elle ?

En *principes*, *procédés* et *conditions*, qui lui sont propres ou communs avec les autres modes, mais dont l'enchaînement forme un tout distinct.

— Quels sont les principes ?

On admet, tant en fait que par théorie :

1° Que tous les êtres vivants sont doués d'une vertu latente, sorte de feu invisible que les médecins nomment *principe vital*, *fluide nerveux*, *esprits animaux*, ou tout simplement *vie*;

2º Que l'agent dont il s'agit est identique à ce que Mesmer a appelé *Magnétisme animal*, et qu'on nomme aussi *mesmérisme* ou *influx*, *force*, *fluide*, *principe magnétique*, etc. :

3º Qu'il agit sur les animaux, et l'homme en particulier, à la manière de l'aimant sur les minéraux, propriété qui lui a valu le double nom de *magnétisme animal :* le premier marquant la similitude de cause, le second la différence de sujet ;

4º Que sa quantité peut, comme celle du sang, être diminuée sans nuire à l'exercice des fonctions ;

5º Que, analogue au calorique, il peut, comme lui, se transmettre d'un corps à l'autre, soit par contact, comme entre deux personnes dont l'une a chaud et l'autre froid, soit par rayonnement, comme la chaleur qui émane d'un foyer, physiquement enfin ;

6º Que, soumis à la volonté, celle-ci en dispose à son gré pour les besoins de l'individu, l'envoie, par exemple, dans les muscles pour produire les mouvements ou résister aux chocs, le retire de la peau pour éviter la douleur, l'appelle au cerveau pour exciter la pensée, et peut même le faire sortir du corps, comme la torpille, le silure et quelques autres poissons lancent l'électricité dont ils sont pourvus ;

7º Qu'il circule dans les nerfs comme l'électricité dans les fils du télégraphe ;

8º Que, partant des centres nerveux, il s'échappe de l'organisme par la terminaison des nerfs moteurs et y pénètre par l'épanouissement des nerfs sensitifs ;

9° Qu'il s'écoule principalement par les extrémités, les mains surtout, à cause du volume des troncs nerveux qui se distribuent aux membres ;

10° Que, les nerfs sensitifs étant plus abondants à la tête que partout ailleurs, la face est le point le plus propice à l'introduction de cet influx ;

11° Que, dirigé sur les viscères, il s'y accumule ; tandis que, déposé dans les membres, il tend à fuir incessamment par leurs *pointes* digitales ;

12° Que les divers effets magnétiques étant le résultat d'un surcroît de vie, on les fait naître par l'addition et on les détruit par la soustraction d'une dose proportionnelle de ce principe.

— Et les procédés, quels sont-ils ?

Il y en a de deux sortes, moraux et physiques.

— Parlons des procédés moraux d'abord.

Ce sont les plus essentiels, et on met en première ligne le *recueillement* et la *volonté*.

— Pourquoi cette prééminence ?

Parce que l'âme n'est forte qu'en concentrant ses facultés, et n'agit bien qu'en voulant.

— Comment faut-il se recueillir ?

Comme pour prier avec ferveur, c'est-à-dire, en éloignant de sa pensée tout ce qui peut la distraire de l'objet qu'elle a en vue, du but qu'on se propose.

— Comment doit-on vouloir ?

Avec constance et fermeté ; non comme les esprits légers, qui changent de résolution à chaque instant ;

ni les timides, dont les déterminations sont toujours flottantes; ni les fougueux, qui se prononcent avec emportement et retombent bientôt impuissants; ni les distraits, qui ne s'appliquent que par intervalles, etc.; mais avec la patience active, uniforme et soutenue du chat qui guette la souris.

— Ça doit être bien difficile de vouloir ainsi !

Nullement; mais il faut en acquérir l'habitude, car la volonté n'est pas seulement une faculté, c'est aussi un art, et l'on doit apprendre à l'exercer.

— Que désigne-t-on par procédés physiques ?

1° Un ensemble de gestes bizarres, quoique raisonnés, qu'on appelle *passes*, à cause du mouvement de va-et-vient qui les constitue;

2° Divers attouchements, tels que frictions, appositions des mains, etc.

3° Une variété d'actions émissives, comme regards, insufflations, etc.

— Comment exécute-t-on les passes ?

Lorsque le sujet est assis, on se place en face de lui, debout ou sur un siége plus élevé que le sien, afin de pouvoir élever les bras sans fatigue.

Après s'être un instant recueilli et avoir pris la résolution d'agir, on porte une main, le bras étant souple, les doigts un peu écartés et demi-fléchis, vers la tête du patient; puis, la descendant lentement jusqu'au bassin, on la reporte de même au point de départ, en suivant la ligne médiane et sans toucher, pour la descendre de nouveau et la remonter, ainsi durant un quart d'heure au plus, sans cesse avec l'intention bien nette, la volonté précise, le désir formel qu'il sorte par le bout des doigts quelque chose de semblable, quoique invisible, à des étincelles électriques ; ce qui a lieu lorsqu'on y sent de la chaleur et un picotement caractéristique.

Dans ce laps de temps on observe attentivement ce qui se produit, afin de diriger ou suspendre l'action.

Quand un bras est fatigué, on le remplace par l'autre, ou bien on se sert des deux à la fois, en promenant une main du haut du front au bas du cou, et l'autre du sommet de la poitrine jusque vers le nombril, en insistant dans la région des yeux et à l'épigastre, comme l'indique la figure ci-dessus.

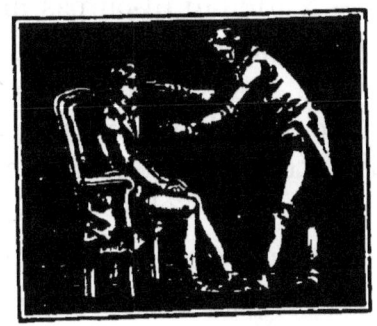

— Cette opération réussit-elle toujours ?

Non, parce que l'âge, le sexe, le tempérament, etc., rendent chacun plus ou moins accessible ; mais elle suffit dans la plupart des cas.

— Comment supplée-t-on à son insuffisance ?

1° En renouvelant l'épreuve après avoir pris du repos ; car il est reconnu que le corps humain, considéré comme machine magnétique, ne produit pas constamment le fluide qu'on lui demande.

2° En agissant autrement ; car il est aussi avéré

que les personnes réfractaires à un mode d'influence, cèdent parfois à l'un des autres procédés.

— Pourquoi préfère-t-on les passes ?

C'est parce que, dans le déplacement successif des mains, le fluide qui s'échappe des doigts écartés comme l'eau d'une pomme d'arrosoir, pénètre en même temps toutes les parties d'une région.

— N'atteindrait-on pas mieux ce but en touchant ?

Non, parce que le *contact* n'est pas nécessaire pour que la transmission vitale s'opère. Mesmer dit même que « le magnétisme agit mieux à une certaine distance qu'appliqué immédiatement », ce qui est confirmé par l'observation journalière.

— A quoi servent donc les autres moyens ?

Aux cas exceptionnels ou anomalies, et à des applications médicales dont l'indication serait ici déplacée.

— Nous avons parlé de conditions, revenons-y.

Elles sont relatives au magnétiseur et au magnétisé, ou communes à tous deux ; nous ne dirons qu'un mot de chaque espèce.

La première est que, toute magnétisation étant une transfusion de la vie s'effectuant au profit du magnétisé et aux dépens du magnétiseur, celui-ci doit être riche de vitalité, c'est-à-dire jeune, robuste et bien portant. Les enfants, les vieillards et les malades peuvent bien magnétiser, mais ce n'est jamais sans inconvénients pour leur santé.

La seconde est que le patient soit tranquille et passif durant l'opération ; car s'il rit, a l'esprit agité, gesticule ou résiste mentalement, il contrarie l'action. Le mieux est qu'il *dorme ;* les enfants au berceau et les animaux endormis sont influencés plus promptement que quand ils sont éveillés, à plus forte raison actifs. Cependant le calme n'est pas indispensable.

La troisième est qu'il fasse chaud dans le lieu où l'on opère ; car le froid est aussi contraire à l'émission du fluide qu'à sa réception. D'où il suit qu'on agit mieux dans le Midi que dans le Nord, et en été qu'en hiver, par la sécheresse que par l'humidité.

— Est-ce là tout le manuel opératoire ?

Non ; mais il n'en faut pas davantage pour commencer ; car « cette pratique si simple, si facile à suivre, si inoffensive en apparence, fournit pourtant la matière des plus grands résultats. »

— Le tout n'est pas de savoir produire, il faut détruire. Comment *démagnétise*-t-on ?

Rien n'est plus simple ; voici deux moyens qui réussissent à merveille :

1º On fait des passes ou même de légères frictions sur les membres pour y attirer le fluide, qui s'en écoule bientôt, en vertu du 11ᵉ principe énoncé plus haut (page 23), et l'équilibre fonctionnel se rétablit ;

2º On peut encore éventer, souffler à froid sur la face, exposer au grand air ou mouiller le visage avec de l'eau fraîche ; car la chaleur favorisant le développement des effets magnétiques, le froid est contraire à leur manifestation, il les détruit même presque instantanément.

§ IV. — Résultats.

— Quels sont les effets de la magnétisation?

Ils diffèrent selon qu'on les provoque sur des individus bien portants ou malades.

— Qu'est-ce qui les distingue?

C'est que ce ne sont, dans le premier cas, que des perturbations; tandis qu'ils détruisent, dans le se-second, les symptômes qui leur correspondent.

— Combien y en a-t-il?

Une infinité. Voici ceux qu'on obtient le plus communément sur l'homme en santé.

M. du Potet les divise en quatre groupes, suivant l'ordre dans lequel ils se présentent. Savoir :

Premier groupe. — Chaleur ou froid des membres, accélération ou ralentissement de la respiration, augmentation ou diminution, en force ou en fréquence, de la circulation; pandiculations, bâillements; trismus des muscles de la face et quelquefois convulsions; céphalalgie, roideur des membres, dureté considérable des muscles qui servent à la locomotion, insensibilité, spasmes, soupirs, pleurs, rire convulsif; difficulté de parler, déglutition fréquente et difficile, sécheresse extrême de la gorge ou afflux considérable de salive; la tête s'arque convulsivement en arrière ou se penche en avant; clignotements fréquents des paupières, plus rarement leur immobilité; rougeur ou extrême pâleur du visage; transpiration cutanée plus grande, souvent sueur abondante à la paume des mains surtout.

Deuxième groupe. — Sommeil profond ou léger, appelé coma ; engourdissement des membres et du tronc ; difficulté, quelquefois impossibilité de se maintenir debout, apparence d'ivresse, trouble des sens ; dans quelques cas, ouverture brusque des paupières, fixité des yeux, dilatation, immobilité de la pupille qui ne se contracte pas même par le contact du doigt sur le globe oculaire ou l'approche d'une bougie allumée.

Troisième groupe. — Sommeil artificiel plus profond, dit somnambulique, dans lequel il y a clairvoyance, vue au travers des corps opaques, prévision de toute nature, c'est-à-dire en dehors des choses de pure conservation, et souvent pour d'autres personnes. Connaissance exacte du temps écoulé pendant le sommeil, quelquefois isolement de tous les objets qui ne sont pas en rapport, c'est-à-dire fermeture d'un ou de plusieurs sens, simultanément ou successivement, aux impressions extérieures, avec une extension prodigieuse, et souvent transposition de l'un d'eux vers des organes doués ou chargés d'autres fonctions : ainsi on peut voir sans les yeux, entendre sans les oreilles, et se transporter en esprit à de grandes distances, prendre connaissance de ce qui s'y passe, en garder le souvenir, etc. Au sortir de cet état, **oubli** total de ce qui s'y est passé.

Quatrième groupe. — Extase ou ravissement de l'esprit. Privation totale de la parole, impossibilité de communication ostensible avec le magnétiseur, c'est-à-dire interruption de tout rapport par les sens, même par le toucher ; mais communication des pensées, vue des lieux éloignés et connaissance de ce qui s'y passe à l'instant même ; mais la mémoire ne conserve que pour un temps très-court le souvenir des choses vues. La chaleur du corps diminue et le pouls cesse de battre. La volonté du magnétiseur sur le sujet est bornée.

— Quels changements éprouve le malade?

Toutes les modifications fonctionnelles dont il est susceptible en santé, et, de plus, une foule de sensations et de mouvements indéfinissables. Dans les simples indispositions, par exemple, on ressent un bien-être qui remplit l'âme d'espoir et qui est bientôt suivi d'un soulagement marqué, si ce n'est de guérison. Par contre, il survient, dans les affections chroniques, une aggravation qui, ramenant la maladie à l'état aigu, alarme le patient au dernier point. Dans les cas graves, d'abondantes évacuations s'établissent par les reins, la peau, les intestins, etc., et déterminent les plus salutaires réactions. C'est à l'ensemble de ces derniers faits qu'on donne le nom de *crise*, trouble qui est un signe ordinairement favorable, mais dont la conduite exige des connaissances en médecine.

— Les animaux sont-ils magnétisables?

Oui, mais à un moindre degré. On n'a encore obtenu chez eux que les effets des deux premiers groupes, et trop peu de leurs maux ont été traités pour pouvoir en tirer une conclusion rigoureuse.

§ V. — Applications.

— Quelle est l'utilité du magnétisme?

Les bienfaits que la médecine et la chirurgie en ont déjà retirés sont immenses, et justifient en partie l'aphorisme suivant, qui est le pivot de la thérapeutique mesmérienne :

« La nature offre un moyen universel de guérir et de préserver les hommes. »

Les services qu'il peut rendre à la physiologie, à la psychologie, à la morale, à la législation, aux arts, aux sciences, à l'industrie, etc., sont incalculables et lui assurent une place éminente dans le cadre futur des connaissances humaines.

Ce petit livre ne pouvant contenir l'aperçu, même en rudiment, des usages ci-dessus allégués, l'auteur renvoie aux nombreux traités spéciaux, principalement aux *Aphorismes* de Mesmer, au *Mémoire* de Puységur sur la découverte du somnambulisme, à l'*Instruction pratique* de Deleuze, à la collection du *Journal du Magnétisme*, au *Manuel de l'Étudiant magnétiseur* de M. du Potet, et à la *Physiologie, Médecine et Métaphysique* du D_r Charpignon; tous écrits qui donnent des préceptes et des règles pour un sage emploi de cet agent aux différents cas qui peuvent se présenter.

§ VII. — **Ouvrages**.

— De quoi se compose la bibliothèque magnétique?

Peu de questions ont été aussi controversées que le magnétisme; et, depuis trois quarts de siècle que le débat existe entre ses partisans et ses adversaires, il a donné lieu à près de mille volumes ou brochures publiés tant en français qu'en allemand, italien, anglais, espagnol et russe.

— Où sont les produits de cette littérature?

M. Mialle a réuni tous les écrits français; mais on n'a point fait de collection semblable pour ceux des autres langues. Plusieurs personnes s'occupent de combler cette lacune regrettable.

— Quelle est l'importance de ces différents livres?

La plupart sont consacrés à la polémique, et n'offrent guère plus qu'un intérêt historique. Ceux qui traitent de l'enseignement ont seuls de la valeur, parce qu'ils s'appuient sur des faits naturels et contiennent le germe de la science.

— Quels sont les plus estimés?

Ceux de Mesmer, Puységur et Deleuze jouissent d'une réputation classique. Après eux viennent ceux de Kieser, en allemand, du Potet, en français, et Elliotson, en anglais. Ce qu'on a imprimé dans les autres idiomes manque d'originalité.

§ VIII. — Institutions.

— Qu'est-ce qui représente le mesmérisme?
Diverses sociétés d'étude et de propagande.

— Quelles sont ces institutions?
Voici le nom et l'objet des principales :

1° *Le Jury magnétique*, qui distribue chaque année des médailles d'encouragement et de récompense aux magnétiseurs qui ont produit quelque chose de marquant, n'importe dans quel pays.

2° La *Société du Mesmérisme de Paris*, qui cherche à démontrer l'existence du magnétisme, en agissant sur des sujets bien portants et pris au hasard.

3° La *Société Philanthropico-magnétique de Paris*, qui vise au même but que la précédente, en traitant des malades et montrant des somnambules.

4° Le *Mesmeric infirmary*, dispensaire où des malades sont chaque jour magnétisés sous la direction d'un des plus habiles médecins de Londres.

5° La *Société magnétique de la Nouvelle-Orléans*, qui fait des séances comme ses sœurs de Paris.

6° La *Société magnétologique du Port-Louis*, qui répand le magnétisme dans l'île Maurice, et distribue chaque année une médaille d'or à l'auteur de la plus belle guérison obtenue dans le pays.

7° La *Société du magnétisme de Berlin*, qui étudie les rapports du mesmérisme avec les sciences inductives.

§ IX. — Variétés.

— Connaît-on les élèves de Mesmer ?

Oui ; la liste en a été récemment publiée. Voici le nom des principaux :

Les docteurs Deslon et de La Motte, les marquis de Chastellux et de Puységur, le bailli des Barres, le philosophe Cabanis, les avocats Bergasse et Duport, le procureur Servans, les Pères Gérard et Hervier, le banquier Kornmann, le physicien Franklin, le botaniste de Jussieu, le général Lafayette, etc., etc.

— Qui marqua le plus après eux ?

Deleuze, savant modeste et vénéré ; l'abbé Faria, brahmine fameux ; le comte de Redern ; Pigault-Lebrun, fécond romancier ; Chardel, juge intègre ; le comte Panin, ambassadeur de Russie ; Tardy de Montravel ; le comte Abrial, pair de France ; les docteurs Georget, Bertrand, Rouiller, Frapart, Koreff, Despine, Wolfart, etc.

— Son œuvre a-t-elle eu des partisans illustres ?

On cite avec orgueil : Cuvier, Laplace, Hufland, Ch. Fourier, Berzélius, Gall, Azaïs, Klugge, Broussais, Oken, Sprengel, Lavater, Jacotot, Hahnemann, Reil, Washington, lord Stanhope, l'archiduc Charles, la reine Hortense, le czar Alexandre, etc.

Et dans un rang moins élevé, Itard, H. de Balzac, Ling, de Montabert, Guersent, Fouquier, Souberbielle, Barouillet, Eugénie Foa, le comte d'Orsay, etc., etc.

— Quels sont les magnétiseurs actuels?

Il y en a tant, qu'on ne peut plus les compter. Ceux qui se sont acquis le plus de réputation par des faits ou des écrits, sont :

MM. du Potet, Elliotson, Mialle, Charpignon, Ch. Lafontaine, Ordinaire, Jos. Barthet, Aubin Gauthier, Ricard, E. Léger, A. Teste, J. Esdaile, Olivier, J. de Rovère, Laforgue, Guidi, H. de Beaumont-Brivasac, Pigeaire, Braid, Asburner, Du Planty, Parker, Dugnani, Filassier, Louyet, Billot, de Résimont, Cahagnet, Szapary, G. Bush, Marcillet, G. Sandby, L. Durand, Loubert et Perrier, presque tous docteurs.

— Y a-t-il des adeptes parmi les contemporains célèbres?

Oui, et la plupart ont fait leurs preuves. Il suffira d'en nommer ici quelques-uns.

Savants. — K. Von Reichenbach, W. Gregory, Duvernoy, Thilorier, Jobard, Ch. d'Orbigny, V. Meunier.

Médecins. — Lordat, Trousseau, Husson, Jules Cloquet, Rostan, Littré, Andral, Lelut, Comet.

Prêtres. — L'archevêque de Dublin, Mgr Gousset, le Père Lacordaire, l'abbé Chatel, le pasteur Vors.

Philologues. — A. Frank, Bouillet, Le Vaillant.

Politiques. — Daniel Manin, Marie-Christine, Bibesco, Léon Faucher, E. de Tocqueville, Louis Blanc, de Lowenhielm, de Guernon-Ranville, Duchatel.

Militaires. — Les généraux Cubières et de Rumigny, le duc de Montpensier, le prince de la Moskowa, les colonels Mac Sheehy et Edgar Ney.

Gens du monde. — Lord Dalhousie, le marquis de Boissy, E. de Las Cases, les comtes d'Ourches et Freschi, le vicomte Adalbert de Beaumont.

Avocats. — Crémieux, Jules Favre, Victor Hennequin, Jules Logerotte, Morin, Emile Ollivier.

Publicistes. — Proudhon, A. de Lavalette, Ch. Lesseps, Victor Considerant, Léon Plée, Brisbane, Anat. Leray, Pierre Vinçart, Erdan, Paul Meurice.

Littérateurs. — Alphonse Karr, L. de Saint-Georges, Alexandre Dumas, Théophile Gautier, George Sand, Mme E. de Girardin, Edgar A. Poe, Victor Hugo, Pierre Lachambaudie, E. de Pradel, Henri Delaage, Victor Herbin, Jules Lovy, Castil-Blaze.

Artistes. — Léon Coignet, Anatole Calmels, Anton. Melbye, Paul Carpentier.

— Que peut-on induire de l'accord d'esprits aussi disparates ?

Qu'ils sont trop éminents, chacun dans sa sphère, pour se laisser séduire par une chimère ou vouloir tromper le public par une assertion fausse. Pour que de pareils juges se soient prononcés en faveur du mesmérisme, il a fallu qu'il s'offrît à leurs yeux sous les traits charmants de la vérité pure, et si leur opinion n'oblige point à croire, c'est au moins un motif puissant d'étudier.

FIN.

Impr. de Pommeret et Moreau, quai des Grands-Augustins, 17.

VIENT DE PARAITRE :

Le *Journal du Magnétisme*, recueil de tous les faits, expériences, sans contestation, extraordinaires et magiques, en outre intéressant à science ? médicale ?, paraissant tous les 15 jours par numéros de 16 à 32 pages in-8, formant un gros volume par an.

PRIX DE L'ABONNEMENT :

	Un an.	Six mois.	Trois mois.
Paris,	20 fr.	11 fr.	6 fr.
France,	15 fr.	8 fr.	4 fr.
Étranger,	18 fr.	10 fr.	5 fr.

Avec ... :

Le numéro pris séparément ... 75 c.

Le sommaire de chaque livraison se délivre gratis.

Le Manuel de l'Étudiant magnétiseur, guide pratique, pour le traitement théorique des malades, par M. du Potet, 1 vol. in-12, 3 fr. 50

Le Portrait de Mesmer, livré sur la médaille de Lavater, par Dandré ... 50 c.

Imp. L. Dumas et Mouzin, quai des Augustins, 17.

ON TROUVE A LA MÊME ADRESSE :

Le **Journal du Magnétisme**, recueil de tous les faits magnétiques, somnambuliques, extatiques et magiques, ou autres intéressant la science mesmérienne, paraissant tous les 15 jours par numéros de 24 à 32 pages in-8, qui forment un gros volume par an.

PRIX DE L'ABONNEMENT :

	Un an.	Six mois.	Trois mois.
Paris.	10 fr.	6 fr.	3 fr.
France.	12 fr.	6 fr.	3 fr.
Étranger.	14 fr.	7 fr.	4 fr.

Avec séances en prime.

Un cahier pris séparément se vend 75 c.

Le sommaire de la Collection se délivre *gratis*.

Le **Manuel de l'Étudiant magnétiseur**, guide pratique pour le traitement mesmérien des maladies, par M. du Potet. 1 vol. in-12. 3 fr. 50

Le **Portrait de Mesmer**, gravé sur la médaille de Lassagne, par Barrère. 25 c.

Impr. de Pommeret et Moreau, quai des Augustins, 17.

www.ingramcontent.com/pod-product-compliance
Lightning Source LLC
Chambersburg PA
CBHW070706050426
42451CB00008B/521